Dieses Buch
gehört:

Zwergenstübchen

Zwergenstübchen

Weihnachtsbäckerei

Kaufmann Verlag

Bei den Zwergen beginnt jedes Jahr im November die Weihnachtsbäckerei. Zuerst verwandeln die Zwerge ihre Küche in eine Weihnachts-Backstube. Danach setzen sie sich zusammen, wählen ihre Weihnachts-Backrezepte aus und schreiben die Einkaufsliste. Anschließend gehen die Zwerge zur Mühle, zum Hühnerhof und Kaufladen um sich alle Backzutaten zu besorgen. Wieder zu Hause angekommen machen sie sich ans Werk - es werden Teige geknetet, Plätzchen ausgestochen und schon bald schieben sie die ersten Backbleche in den Ofen. Ganz wunderbar duftet es nun in der Küche nach feinen Plätzchen und allerlei Gewürzen.

Freuen Sie sich nun liebe Leser auf die köstlichen Plätzchen- und Weihnachtskuchen-Rezepte aus der Zwergenstübchen Weihnachts-Backstube.

Eine schöne Adventszeit und Fröhliche Weihnachten
wünscht die ganze Zwergenschar.

Elke und Timo Schuster

Die Zwerge backen Weihnachtsplätzchen

Süße Zwergen-Brezeln

375 g Mehl, 50 g Zucker, 1 Päckchen Vanillezucker, 1/2 Becher Crème fraîche, 250 g Butter zu einem glatten Teig verarbeiten. Nach dem Kaltstellen den Teig auf einer bemehlten Arbeitsfläche ca. 1/2 cm dick auswellen und mit einem Förmchen Brezeln ausstechen. Die Oberfläche der Brezeln mit süßer Sahne bestreichen, Hagelzucker darüber streuen, anschließend auf ein mit Back-Trennpapier ausgelegtes Backblech geben. Im vorgeheizten Backofen bei 200 Grad ca. 15 Minuten backen.

Früchte-Spießchen

Zutaten:
Verschiedene Früchte
z.B. Äpfel, Birnen,
Bananen, Mandarinen
etwas Zitronensaft
Holzspießchen

Zubereitung:
Die Früchte z.B. Äpfel, Birnen in Stückchen, Bananen in Scheiben schneiden, mit Zitronensaft beträufeln und abwechselnd auf Holzspießchen stecken.

Quark-Dip

Zutaten:
250 g Quark
150 g Naturjogurt
1/2 Becher süße Sahne
3 Esslöffel Zucker
1 Päckchen Vanillezucker

Zubereitung:
Alle Zutaten verrühren. Den Quark-Dip gut gekühlt zu den Früchte-Spießchen servieren.

Festtags-Gugelhupf

Zutaten:
250 g Butter
200 g Zucker
6 Eigelb
100 g Mehl
3/4 Päckchen Backpulver
50 g feine Haferflocken
200 g gemahlene Haselnüsse
150 g Schokolade
100 ml Milch
6 Eiweiß

Zubereitung:
Butter schaumig schlagen. Abwechselnd Zucker, Eigelb zufügen, cremig rühren. Nach und nach das mit Backpulver vermischte Mehl, die Haferflocken, Haselnüsse, im Wasserbad geschmolzene, leicht abgekühlte Schokolade und Milch einrühren. Zum Schluss das steifgeschlagene Eiweiß unterziehen. Den Teig in eine gefettete, mit Semmelbrösel ausgestreute Gugelhupfform füllen. Im vorgeheizten Backofen bei 175 Grad ca. 1 Stunde backen. Nach dem Auskühlen Puderzucker über den Festtags-Gugelhupf stäuben, Früchte-Spießchen und Quark-Dip dazu reichen.

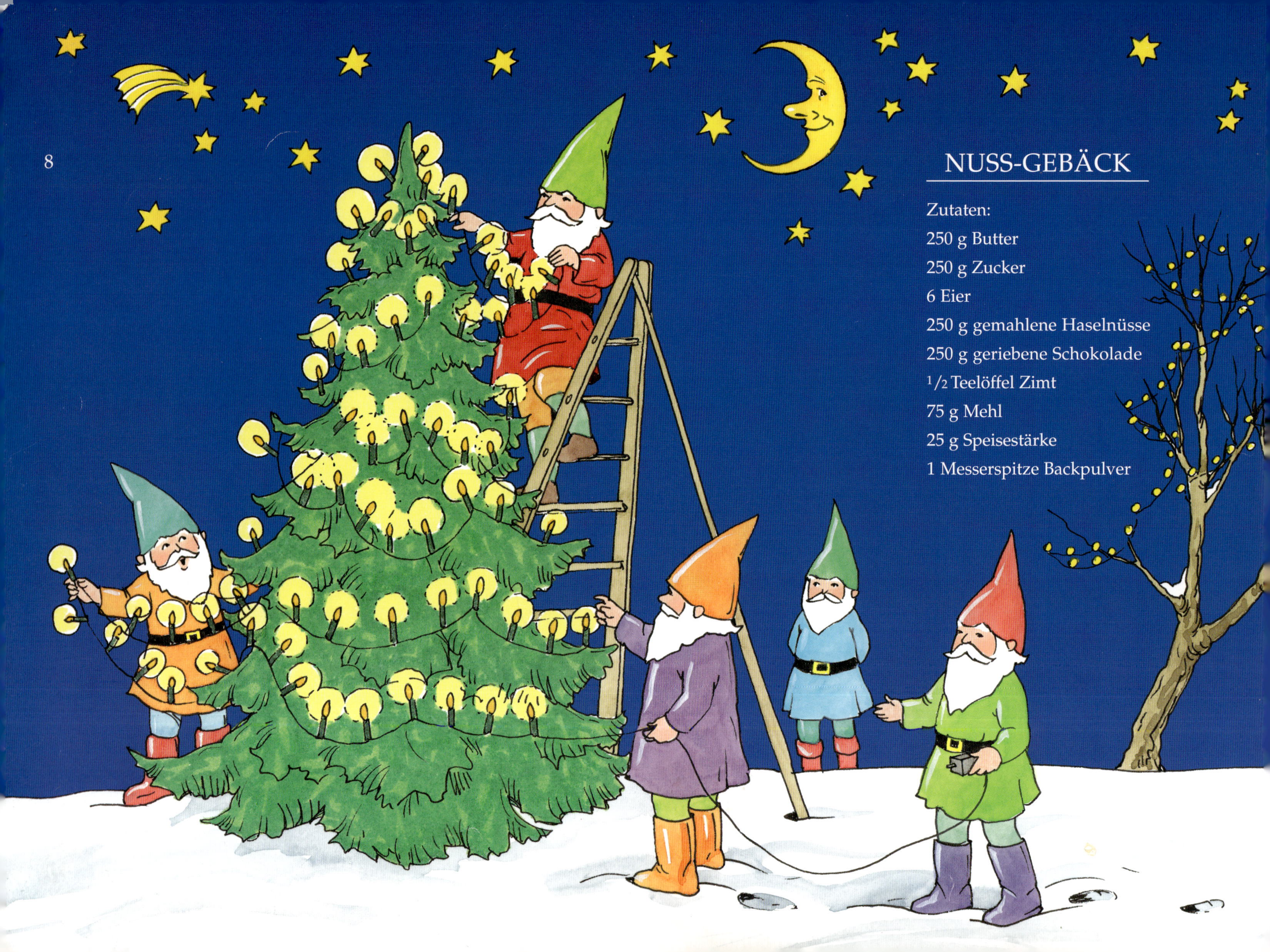

NUSS-GEBÄCK

Zutaten:

250 g Butter

250 g Zucker

6 Eier

250 g gemahlene Haselnüsse

250 g geriebene Schokolade

1/2 Teelöffel Zimt

75 g Mehl

25 g Speisestärke

1 Messerspitze Backpulver

Zubereitung:
Butter schaumig schlagen. Abwechselnd Zucker und Eier dazugeben, gut rühren. Danach Haselnüsse, Schokolade, Zimt sowie das mit Speisestärke und Backpulver vermischte Mehl unterrühren. Den Teig auf ein mit Back-Trennpapier ausgelegtes Backblech streichen (ca. 2 cm dick). Im vorgeheizten Backofen bei 180 Grad etwa 15 Minuten backen, anschließend in Quadrate schneiden. Nach dem Auskühlen Puderzucker über das Nuss-Gebäck stäuben.

MANDELPLÄTZCHEN

Zutaten:
375 g Mehl
200 g Zucker
1/2 Päckchen Vanillezucker
1/2 Teelöffel Zimt
1 Messerspitze Nelken
125 g gemahlene Mandeln
1 Ei
250 g Butter

1 Eigelb
Hagelzucker

Ausstecherförmchen

Zubereitung:
Die Zutaten zu einem Mürbteig verarbeiten. Nach dem Kaltstellen den Teig auf einer bemehlten Arbeitsfläche nicht zu dick auswellen und Plätzchen ausstechen.

Diese auf ein mit Back-Trennpapier ausgelegtes Backblech geben, etwa 8 Stunden ruhen lassen. Anschließend alle Plätzchen mit etwas Wasser verquirltem Eigelb bestreichen, Hagelzucker darüber streuen und im vorgeheizten Backofen bei 180 Grad ca. 15 Minuten backen.

MARMELADEGEBÄCK

Zutaten:
250 g Mehl
150 g Zucker
1 Teelöffel Zimt
60 g gemahlene Mandeln
2 Eier
150 g Butter

Marmelade
1 Eigelb

runde Ausstecherform
ca. 5 cm Ø

Zubereitung:
Die Zutaten zu einem Mürbteig verarbeiten, 3 Stunden kaltstellen. Danach den Teig auf einer bemehlten Arbeitsfläche etwa 1/2 cm dick auswellen.

Nun runde Plätzchen ausstechen, in die Mitte jeweils etwas Marmelade geben, anschließend jedes zu einem Halbkreis zusammen klappen, die Ränder gut andrücken. Alle Plätzchen mit etwas Wasser verquirltem Eigelb bestreichen. Im vorgeheizten Backofen bei 200 Grad ca. 10 Minuten backen.

KIRSCHKUGELN

Zutaten:
250 g Mehl
1 Messerspitze Backpulver
100 g Zucker
1 Päckchen Vanillezucker
1 Ei
125 g Butter

1 Glas Kirschen
etwas Puderzucker
und Zimt

Zubereitung:
Zuerst den Mürbteig zubereiten, diesen 2 Stunden kaltstellen. Anschließend den Teig auf einer bemehlten Arbeitsfläche ca. 1/2 cm dick auswellen. Nun etwa 7 cm große Quadrate aus der Teigplatte schneiden, jeweils eine gut abgetropfte Kirsche in die Mitte legen, den Teig darüber ziehen und zu einer Kugel formen. Alle Kirschkugeln auf ein mit Back-Trennpapier ausgelegtes Backblech geben. Im vorgeheizten Backofen bei 200 Grad ca. 15 Minuten backen, danach vom Blech nehmen und in dem mit Zimt vermischten, gesiebten Puderzucker wälzen.

Orangenplätzchen

Zutaten:

250 g Mehl, 100 g Zucker, 2 Esslöffel Orangensaft, 150 g Butter, 125 g Puderzucker, 3 Esslöffel Orangensaft, Ausstecherförmchen

Zubereitung:

Mehl, Zucker, Orangensaft, Butter zu einem Mürbteig verarbeiten, kaltstellen. Danach den Teig auf einer bemehlten Arbeitsfläche nicht zu dick auswellen und Plätzchen ausstechen. Diese auf ein mit Back-Trennpapier ausgelegtes Backblech geben. Im vorgeheizten Backofen bei 200 Grad ca. 10 Minuten backen. Puderzucker mit Orangensaft glatt rühren und die Glasur über die noch heißen Plätzchen streichen.

KOKOS-NUSS-MAKRONEN

Zutaten:

4 Eiweiß
200 g Zucker
125 g Rosinen
400 g gehackte Mandeln
150 g gehackte Haselnüsse
100 g Kokosraspel
4 Feigen

Zubereitung:

Eiweiß steif schlagen, löffelweise den Zucker zufügen, gut mitrühren. Anschließend Rosinen, Mandeln, Haselnüsse, Kokosraspel und die in kleine Streifen geschnittenen Feigen untermengen. Danach Teighäufchen auf ein mit Back-Trennpapier ausgelegtes Backblech setzen. Im vorgeheizten Backofen bei 180 Grad ca. 15 Minuten backen.

APFEL-MARMELADE-KUCHEN

Zutaten:

Teig:

250 g Mehl

1 Messerspitze Backpulver

130 g Zucker

1 Esslöffel Kakao

1 Ei

150 g Butter

Belag:

1 Ei

75 g Zucker

1 Teelöffel Zimt

150 g gemahlene Haselnüsse

6 Äpfel

etwas Zitronensaft

5 Esslöffel Apfelgelee

Zubereitung:

Teigzutaten zu einem Mürbteig verarbeiten, kaltstellen. Für den Belag Ei, Zucker, Zimt schaumig schlagen, die Haselnüsse einrühren sowie einen geschälten, geriebenen Apfel untermischen.

Den auf einer bemehlten Arbeitsfläche ausgewellten Teig in eine gefettete Kuchenform geben, die Nussmasse gleichmäßig darüber verteilen. Restliche Äpfel schälen, vierteln, Kerngehäuse entfernen, mit Zitronensaft beträufeln und auf die Nussmasse legen. Apfelgelee erwärmen, die Hälfte davon über die geviertelten Äpfel streichen. Im vorgeheizten Backofen bei 200 Grad 20 Minuten backen. Die Äpfel nochmals mit Gelee bestreichen, in weiteren 25 Minuten fertig backen. Nach dem Auskühlen Puderzucker über den Apfel-Marmelade-Kuchen stäuben.

NUSS-KNUSPERCHEN

Zutaten:
100 g Butter
200 g Zucker
2 Eier
100 g Mehl
50 g Speisestärke
1 Messerspitze Backpulver
1 Teelöffel Zimt
200 g gemahlene Mandeln

1 Eigelb
1 Esslöffel Sahne
50 g gehackte Mandeln
50 g Zucker

Zubereitung:
Butter schaumig schlagen. Abwechselnd Zucker sowie Eier zufügen, cremig rühren. Nacheinander Mehl, Speisestärke, Backpulver, Zimt und Mandeln einrühren.

Nun den Teig auf einem mit Back-Trennpapier ausgelegtem Backblech gleichmäßig verteilen. Eigelb, Sahne verquirlen, die Teigplatte damit bestreichen und das Mandel-Zucker-Gemisch darüber streuen. Im vorgeheizten Backofen bei 200 Grad ca. 15 Minuten backen, danach in beliebige Stücke schneiden z.B. Streifen, Rauten, Rechtecke.

KOKOS-SCHNITTEN

Zutaten:
250 g Mehl
80 g Zucker
1 Päckchen Vanillezucker
1 Ei
150 g Butter
etwas Marmelade
100 g Butter
100 g Zucker
1 Päckchen Vanillezucker
4 Esslöffel Wasser
200 g Kokosraspel

Zubereitung:
Mehl, Zucker, Vanillezucker, Ei, Butter zu einem Mürbteig verarbeiten, kaltstellen. Danach den Teig auf einer bemehlten Arbeitsfläche ca. 1/2 cm dick rechteckig auswellen und auf ein mit Back-Trennpapier ausgelegtes Backblech geben.

Die zuvor leicht erwärmte Marmelade darüber streichen. Butter schmelzen lassen, Zucker, Vanillezucker, Wasser, Kokosraspel einrühren, etwas abgekühlt auf der Marmelade verteilen. Im vorgeheizten Backofen bei 180 Grad ca. 20 Minuten backen, nun in Rechtecke schneiden. Nach Belieben die Kokos-Schnitten mit geschmolzener Kuvertüre verzieren.

MANDELECKEN

Zutaten:

Teig:

250 g Mehl

1 Messerspitze Backpulver

100 g Zucker

1 Päckchen Vanillezucker

1 Ei

125 g Butter

Belag:

180 g Butter

200 g Zucker

50 g Honig

2 Esslöffel süße Sahne

$^{1}/_{2}$ Teelöffel Zimt

200 g gemahlene Mandeln

Zubereitung:

Teigzutaten zu einem Mürbteig verarbeiten. Nach dem Kaltstellen den Teig auf einer bemehlten Arbeitsfläche rechteckig auswellen, anschließend auf ein mit Back-Trennpapier ausgelegtes Backblech geben und im vorgeheizten Backofen bei 175 Grad ca. 15 Minuten vorbacken.

Währenddessen den Belag zubereiten. Die Butter schmelzen, nacheinander Zucker, Honig, Sahne, Zimt, Mandeln einrühren. Das Mandel-Gemisch auf die vorgebackene Teigplatte streichen, in etwa 10 Minuten fertig backen. Diese leicht ausgekühlt in Quadrate von ca. 6 cm, danach in Dreiecke schneiden und mit geschmolzener Kuvertüre verzieren.

MANDELKUCHEN

Zutaten:

Teig:

250 g Mehl
1 Messerspitze Backpulver
100 g Zucker
1 Päckchen Vanillezucker
1 Ei
1 Esslöffel Crème fraîche
100 g Butter

Belag:

150 g Butter
50 g Puderzucker
3 Eigelb
2 Teelöffel Zimt
1 Messerspitze Nelken
3 Eiweiß
100 g Zucker
200 g gemahlene Mandeln
100 g gemahlener Zwieback

Zubereitung:

Die Teigzutaten zu einem Mürbteig verarbeiten, kaltstellen. Den Teig auf einer bemehlten Arbeitsfläche auswellen und in eine gefettete Springform legen. Im vorgeheizten Backofen bei 200 Grad 10 Minuten vorbacken. Für den Belag Butter schaumig schlagen. Abwechselnd Zucker, Eigelb, Gewürze zufügen, cremig rühren. Eiweiß steif schlagen, nach und nach Zucker einrieseln lassen, gut mitrühren. Etwa 1/3 der Eischneemasse mit der Butter-Eigelbcreme vermischen. Restlichen Eischnee, Mandeln, Zwieback unterziehen, auf dem vorgebackenen Kuchenboden verteilen und in ca. 35 Minuten fertig backen.

ZITRONENGEBÄCK

Zutaten:
2 Eiweiß
200 g Zucker
1 Zitrone
400 g gemahlene Mandeln

Zubereitung:
Eiweiß steif schlagen. Nach und nach Zucker, abgeriebene Zitronenschale sowie den Zitronensaft dazugeben, gut mitrühren. Nun die Mandeln untermischen und den Teig 1 Stunde kaltstellen. Anschließend Teighäufchen auf ein mit Back-Trennpapier ausgelegtes Backblech setzen. Im vorgeheizten Backofen bei 175 Grad ca. 20 Minuten backen. Das Gebäck mit Zitronenglasur verzieren.

Kokoskugeln

Zutaten:

200 g weiße Kuvertüre, 50 g Kokosfett,
70 g Butter, 50 g Puderzucker,
1 Päckchen Vanillezucker, 1 Esslöffel
süße Sahne, 2 Esslöffel Kakao,
200 g Kokosraspel

Zubereitung:

Kuvertüre, Kokosfett, Butter in einen Topf geben und bei schwacher Hitze unter Rühren schmelzen lassen. Nacheinander Puderzucker, Vanillezucker, Sahne, Kakao, Kokosraspel einrühren. Aus der abgekühlten Masse Kugeln formen und nach Belieben in Kokosraspel wälzen.

DIE BESTEN FESTTAGS-KÄSEKUCHEN DER ZWERGE

Käsekuchen I

Zutaten:

Teig:
200 g Mehl
1 Messerspitze Backpulver
75 g Zucker
1 Päckchen Vanillezucker
1 Ei
100 g Butter

Belag:
5 Eigelb
150 g Zucker
1 Päckchen Vanillezucker
1 kg Schichtkäse
1 Becher süße Sahne
200 ml Milch
2 Esslöffel Mehl
1 Päckchen Vanille-puddingpulver
5 Eiweiß
100 g Zucker

Zubereitung:
Teigzutaten zu einem Mürbteig verarbeiten, kaltstellen. Für den Belag Eigelb, Zucker, Vanillezucker schaumig schlagen. Nacheinander Schichtkäse, Sahne, Milch, Mehl, Puddingpulver einrühren. Eiweiß steif schlagen, Zucker einrieseln lassen, gut mitrühren, anschließend unter die Quarkmasse ziehen. Den Teig auf einer bemehlten Arbeitsfläche auswellen, in eine gefettete Springform legen und die Quarkcreme gleichmäßig darauf verteilen. Im vorgeheizten Backofen bei 180 Grad ca. 1 1/4 Stunden backen. Der Käsekuchen sollte noch 10 Minuten im ausgeschalteten Backofen stehen bleiben. Danach auf ein Kuchengitter stürzen, Springformrand vorsichtig öffnen, nun Kuchenformboden entfernen, Springformrand wieder schließen und etwa 2 Stunden auskühlen lassen.

Käsekuchen II

Zutaten:

Teig:

200 g Mehl

1 Messerspitze Backpulver

75 g Zucker

1 Päckchen Vanillezucker

2 Eigelb

2 Esslöffel Wasser

100 g Butter

Belag:

100 g Butter

200 g Zucker

7 Eigelb

1 kg Schichtkäse

2 Becher Schmand

3 Esslöffel Milch

3 Esslöffel Speisestärke

7 Eiweiß

Zubereitung:

Aus den Teigzutaten einen Mürbteig zubereiten, kaltstellen. Für den Belag Butter schaumig schlagen. Abwechselnd Zucker, Eigelb zufügen und cremig rühren. Nacheinander Schichtkäse, Schmand, Milch, Speisestärke einrühren sowie steifgeschlagenes Eiweiß unterziehen. Den Teig auf einer bemehlten Arbeitsfläche auswellen, in eine gefettete Springform legen. Die Quarkmasse gleichmäßig darauf verteilen. Im vorgeheizten Backofen bei 180 Grad ca. 1 1/4 Stunden backen. Der Käsekuchen sollte im ausgeschalteten Backofen 10 Minuten stehen bleiben, danach aus dem Ofen nehmen und zum Auskühlen noch etwa 2 Stunden in der Form lassen.

MARMELADE-PLÄTZCHEN

Zutaten:

375 g Mehl
180 g Zucker
1 Päckchen Vanillezucker
2 Eigelb
250 g Butter
1 Glas Gelee
125 g Puderzucker
etwas Wasser

runde Ausstecherform
ca. 5 cm Ø

Zubereitung:

Mehl, Zucker, Vanillezucker, Eigelb, Butter zu einem Mürbteig verarbeiten, kaltstellen. Danach den Teig auf einer bemehlten Arbeitsfläche auswellen, runde Plätzchen ausstechen und auf ein mit Back-Trennpapier ausgelegtes Backblech geben. Im vorgeheizten Backofen bei 190 Grad etwa 10 Minuten backen. Nun auf jeweils ein noch heißes Plätzchen Gelee streichen, mit einem anderen abdecken. Anschließend Puderzucker, etwas Wasser sowie 2 Teelöffel Gelee verrühren, die Oberseite der Plätzchen damit glasieren und zum Trocknen auf ein Kuchengitter setzen.

SCHOKO-MAKRÖNCHEN

Zutaten:

3 Eiweiß
etwas Zitronensaft
200 g Zucker
150 g gemahlene Haselnüsse
100 g geriebene Schokolade
1 Päckchen Vanillezucker
1 Esslöffel Kakao
1 Teelöffel Zimt

Zubereitung:

Eiweiß steif schlagen. Unter Rühren Zitronensaft zufügen sowie Zucker einrieseln lassen. Restliche Zutaten vermischen, löffelweise in den Eischnee einrühren. Nun Teighäufchen auf ein mit Back-Trennpapier ausgelegtes Backblech spritzen. Im vorgeheizten Backofen bei 160 Grad etwa 20 Minuten backen. Nach Belieben mit geschmolzener Kuvertüre verzieren.

MARZIPAN-MAKRONEN

Zutaten:
100 g Kokosraspel
2 Eiweiß
125 g Puderzucker
1 Päckchen Vanillezucker
200 g Marzipan-Rohmasse
1 Esslöffel Rosenwasser

Zubereitung:
Kokosraspel auf ein Backblech geben. Diese bei 100 Grad 20 Minuten trocknen lassen (Backofentüre nicht schließen). Nun das Eiweiß steif schlagen. Puderzucker, Vanillezucker sowie Marzipanstückchen in den Eischnee einrühren. Kokosraspel und Rosenwasser zufügen, alles gut vermengen.

Anschließend kleine Häufchen auf ein mit Back-Trennpapier ausgelegtes Backblech setzen. Im vorgeheizten Backofen bei 150 Grad ca. 30 Minuten backen. Die Makronen nach Belieben mit geschmolzener Kuvertüre verzieren.

FEINE HASELNÜSSCHEN

Zutaten:
175 g Butter
150 g Zucker
1 Päckchen Vanillezucker
3 Eiweiß
125 g gemahlene Haselnüsse
250 g Mehl
1 Messerspitze Backpulver
1 Teelöffel Zimt

Zubereitung:
Butter schaumig schlagen. Nach und nach Zucker, Vanillezucker, Eiweiß dazugeben, gut mitrühren. Restliche Zutaten vermischen, löffelweise unter die cremige Masse rühren. Nun Teighäufchen auf ein mit Back-Trennpapier ausgelegtes Backblech spritzen.

Im vorgeheizten Backofen bei 200 Grad ca. 10 Minuten backen. Nach Belieben die Plätzchen mit der im Wasserbad geschmolzenen Haselnussglasur überziehen und jeweils in die Mitte eine Haselnuss setzen.

ZWERGENKUCHEN VOM WEIHNACHTSMARKT

Zutaten:
250 g Butter
200 g Zucker
1 Päckchen Vanillezucker
6 Eier
300 g gemahlene Mandeln
50 g Mehl
1 Päckchen Backpulver
2 Esslöffel Kakao
1 Teelöffel Zimt
2 Becher süße Sahne
1 Päckchen Vanillezucker
2 Päckchen Sahnesteif
1/2 Glas Marmelade
Schokoraspel

Zubereitung:
Butter schaumig schlagen. Abwechselnd Zucker, Vanillezucker, Eier zufügen, cremig rühren. Mandeln, Mehl, Backpulver, Kakao, Zimt vermischen, zu der Schaummasse geben, alles gut verrühren. Nun den Teig in eine gefettete Springform füllen. Im vorgeheizten Backofen bei 180 Grad ca. 40 Minuten backen. Sahne, Vanillezucker, Sahnesteif schlagen, die Marmelade unterrühren, anschließend auf den erkalteten Kuchen streichen. Zum Schluß den Zwergenkuchen mit Schokoraspel bestreuen.

HONIG-PLÄTZCHEN

Zutaten:

Teig:

125 g Honig
200 g Zucker
150 g Butter
50 g gemahlene Mandeln
450 g Mehl
1 Päckchen Backpulver
1 1/2 Teelöffel Lebkuchengewürz
1 Teelöffel Zimt
2 Esslöffel Milch

Glasur:

150 g Puderzucker
etwas Zitronensaft

Zubereitung:

Honig, Zucker, Butter in einem Topf erwärmen. Mandeln, Mehl, Backpulver, Lebkuchengewürz, Zimt, Milch vermischen, zu der Honig-Butter geben und alles zu einem glatten Teig verarbeiten, ca. 1 Stunde kaltstellen. Aus dem Teig Kugeln formen, diese etwas flachgedrückt auf ein mit Back-Trennpapier ausgelegtes Backblech setzen. Im vorgeheizten Backofen bei 175 Grad ca. 20 Minuten backen. Puderzucker und Zitronensaft verrühren, die Plätzchen damit bestreichen, nach Belieben Schoko- oder Zuckerstreusel darüber streuen.

KÖSTLICHE LEBKUCHEN

Zutaten:
350 g Mehl
300 g Zucker
1 Päckchen Vanillezucker
200 g gemahlene Mandeln
1 Päckchen Lebkuchengewürz
$^1/_2$ Teelöffel Nelken
2 Teelöffel Zimt
1 Päckchen Backpulver
150 g Butter
2 Esslöffel Honig
250 ml Milch
4 Eier
1 Esslöffel Honig
etwas Wasser

Zubereitung:
Mehl, Zucker, Vanillezucker, Mandeln, Lebkuchengewürz, Nelken, Zimt, Backpulver vermischen. Nun Butter und Honig schmelzen lassen, Milch sowie nacheinander die Eier einrühren, anschließend zum Mehl-Mandelgemisch geben, alles gut verrühren.

Den Teig auf ein gefettetes Backblech gießen. Im vorgeheizten Backofen bei 200 Grad etwa 20 Minuten backen. Währenddessen Honig und Wasser unter Rühren leicht erwärmen, über die noch heiße Teigplatte streichen, etwas abgekühlt in Quadrate schneiden. Die Lebkuchen nach Belieben mit abgezogenen Mandeln verzieren.

ZWERGEN-WEIHNACHTSSTOLLEN

Zutaten:

- 500 g Mehl
- 1 Würfel Hefe
- 150 g Zucker
- $^{1}/_{4}$ l Milch
- 150 g Butter
- 100 g gemahlene Mandeln
- 1 Teelöffel Zimt
- $^{3}/_{4}$ Päckchen Christstollengewürz
- 180 g Rosinen
- 30 g Orangeat
- 30 g Zitronat
- 50 g zerlassene Butter

Zubereitung:

Das Mehl in eine Schüssel sieben. In die Mitte eine Mulde drücken, Hefe hinein bröckeln, etwas Zucker darüber streuen. Hefe und Zucker mit etwas lauwarmer Milch glatt rühren, mit Mehl bestäuben. Die Schüssel mit einem Geschirrtuch abdecken. Den Vorteig 15 Minuten gehen lassen. Danach restliche Milch, weiche Butter, Mandeln sowie Gewürze zufügen, alles zu einem glatten Teig kneten. Diesen so lange abschlagen bis er Blasen wirft, sich von der Schüssel löst und glänzt. Nun Rosinen, Orangeat, Zitronat einarbeiten, Mehl darüber stäuben, danach den Teig mit einem Tuch abdecken. Bei Zimmertemperatur etwa 1 Stunde gehen lassen (bis er sich verdoppelt hat). Nochmals durchkneten und in eine gefettete Stollenform geben. Diese auf ein gefettetes Backblech stürzen, weitere 30 Minuten gehen lassen. Den Stollen im vorgeheizten Backofen bei 180 Grad 1 Stunde backen. Die Stollenform abnehmen, in weiteren ca. 15 Minuten fertig backen. Den heißen Stollen mit zerlassener Butter bestreichen und anschließend Puderzucker darüber stäuben.

NOUGAT-MANDEL-GEBÄCK

Zutaten:

Teig:

250 g Mehl

100 g gemahlene Mandeln

100 g Zucker

1 Päckchen Vanillezucker

1 Esslöffel Rosenwasser

200 g kleingeschnittenes Nussnougat

250 g Butter

100 g gehackte Mandeln

Zubereitung:

Mehl, Mandeln, Zucker, Vanillezucker, Rosenwasser, Nussnougat, Butter zu einem glatten Teig verarbeiten, etwa 1 Stunde kaltstellen. Den Teig auf einer bemehlten Arbeitsfläche zu Rollen von ca. 3 cm Ø formen, diese anschließend in den gehackten Mandeln wälzen. Die Rollen in 1/2 cm dicke Scheiben schneiden und auf ein mit Back-Trennpapier ausgelegtes Backblech geben. Das Gebäck im vorgeheizten Backofen bei 175 Grad etwa 20 Minuten backen.

Mürbteig-Zubereitung

Zutaten:

Entsprechend den Angaben beim jeweiligen Rezept.

Zubereitung:

Das Mehl auf eine Arbeitsfläche sieben. In die Mitte eine Vertiefung drücken, Zucker und Ei hinein geben, mit etwas Mehl verrühren. Auf den Mehlrand die kalte, kleingeschnittene Butter legen, alles zu einem glatten Teig kneten. Diesen zugedeckt etwa 1 Stunde bis zur Weiterverarbeitung in den Kühlschrank stellen.

Die erfolgreichen Koch- und Backbücher

Elke und Timo Schuster
Margret Hoss
Nudelzauber
64 S. / gebunden
29,7 x 21 cm
€ (D) 9,95 € (A) 10,30
ISBN 978-3-7806-2002-6

Elke und Timo Schuster
Johanna Ignjatovic
Backgeheimnisse
64 S. / gebunden
29,7 x 21 cm
€ (D) 9,95 € (A) 10,30
ISBN 978-3-7806-2000-2

Elke und Timo Schuster
Margret Hoss
Backen für Freunde
64 S. / gebunden
29,7 x 21 cm
€ (D) 9,95 € (A) 10,30
ISBN 978-3-7806-2004-0

Elke und Timo Schuster
Margret Hoss
Kartoffelkiste
64 S. / gebunden
29,7 x 21 cm
€ (D) 9,95 € (A) 10,30
ISBN 978-3-7806-2003-3

Elke und Timo Schuster
Margret Hoss
Kochen für Freunde
64 S. / gebunden
29,7 x 21 cm
€ (D) 9,95 € (A) 10,30
ISBN 978-3-7806-2005-7

Elke und Timo Schuster
Margret Hoss
Aufläufe & Co.
64 S. / gebunden
29,7 x 21 cm
€ (D) 9,95 € (A) 10,30
ISBN 978-3-7806-2001-9

Verantwortlich: Elke und Timo Schuster
Illustration: Margret Hoss
Fotografie: Axel Waldecker

Der Inhalt dieses Buches ist vom Verlag sorgfältig erwogen und geprüft, dennoch kann eine Garantie nicht übernommen werden. Eine Haftung des Verlages für Personen-, Sach- und Vermögensschäden ist ausgeschlossen.

Bibliografische Information der Deutschen Bibliothek
Die Deutsche Bibliothek verzeichnet diese Publikation in der Deutschen Nationalbibliografie; detaillierte bibliografische Daten sind im Internet über http://dnb.ddb.de abrufbar.

2. Auflage 2014

Printed by Leo Paper
ISBN 978-3-7806-2006-4

www.zwergenstuebchen-schuster.de

Meine Weihnachts-Backrezepte